HOMILIA

TEOLOGIA DO PAPA FRANCISCO

HOMILIA

ANTÔNIO SAGRADO BOGAZ

JOÃO HENRIQUE HANSEN

Dados Internacionais de Catalogação na Publicação (CIP)
(Câmara Brasileira do Livro, SP, Brasil)

Bogaz, Antônio Sagrado
  Homilia / Antônio Sagrado Bogaz, João Henrique Hansen. --
São Paulo : Paulinas, 2018. -- (Coleção teologia do Papa Francisco)

  ISBN 978-85-356-4480-7

  1. Francisco, Papa, 1936- 2. Igreja Católica - Liturgia
3. Igreja Católica - Sermões 4. Pregação 5. Teologia I. Hansen,
João Henrique. II. Título. III. Série.

18-21751   CDD-252.02

Índice para catálogo sistemático:
1. Homilias : Igreja Católica : Cristianismo 252.02

Maria Paula C. Riyuzo - Bibliotecária - CRB-8/7639

1ª edição – 2018

Direção-geral: Flávia Reginatto
Conselho editorial: Dr. Antonio Francisco Lelo
  Dr. João Décio Passos
  Ma. Maria Goretti de Oliveira
  Dr. Matthias Grenzer
  Dra. Vera Ivanise Bombonatto
Editores responsáveis: Vera Ivanise Bombonatto
  João Décio Passos
Copidesque: Ana Cecilia Mari
Coordenação de revisão: Marina Mendonça
Revisão: Sandra Sinzato
Gerente de produção: Felício Calegaro Neto
Produção de arte: Tiago Filu

Nenhuma parte desta obra poderá ser reproduzida ou transmitida
por qualquer forma e/ou quaisquer meios (eletrônico ou mecânico,
incluindo fotocópia e gravação) ou arquivada em qualquer sistema ou
banco de dados sem permissão escrita da Editora. Direitos reservados.

Paulinas
Rua Dona Inácia Uchoa, 62
04110-020 – São Paulo – SP (Brasil)
Tel.: (11) 2125-3500
http://www.paulinas.com.br – editora@paulinas.com.br
Telemarketing e SAC: 0800-7010081
© Pia Sociedade Filhas de São Paulo – São Paulo, 2018

TEOLOGIA DO PAPA FRANCISCO

A presente coleção Teologia do Papa Francisco resgata e sistematiza os grandes temas teológicos dos ensinamentos do papa reformador. Os pequenos volumes que compõem mais um conjunto da Biblioteca Francisco retomam os grandes temas da tradição teológica presentes no fundo e na superfície desses ensinamentos tão antigos quanto novos, oferecidos pelo Bispo de Roma. São sistematizações sucintas e didáticas; gotas recolhidas do manancial franciscano que revitalizam a Igreja e a sociedade por brotarem do coração do Evangelho.

CONHEÇA OS TÍTULOS DA COLEÇÃO:

ESPÍRITO SANTO
Victor Codina

IGREJA DOS POBRES
Francisco de Aquino Júnior

IGREJA SINODAL
Mario de França Miranda

ORGANIZAÇÕES POPULARES
Francisco de Aquino Júnior

IGREJA EM DIÁLOGO
Elias Wolff

MÉTODO TEOLÓGICO
João Décio Passos

HOMILIA
Antônio Sagrado Bogaz
João Henrique Hansen

Ao grande pregador, Dom Angélico Sândalo,
e a todos os pregadores de nossas comunidades que,
com suas palavras e sua vida,
semearam e viveram a mensagem de Cristo.

Se eu fosse um padre

Se eu fosse um padre, eu, nos meus sermões,
não falaria em Deus nem no Pecado
– muito menos no Anjo Rebelado
e os encantos das suas seduções,
não citaria santos e profetas:
nada das suas celestiais promessas
ou das suas terríveis maldições...
Se eu fosse um padre eu citaria os poetas,
Rezaria seus versos, os mais belos,
desses que desde a infância me embalaram
e quem me dera que alguns fossem meus!
Porque a poesia purifica a alma
... a um belo poema
– ainda que de Deus se aparte –
um belo poema sempre leva a Deus!

Mario Quintana

APRESENTAÇÃO

A homilia, dizem os antigos, é uma obra de arte composta de palavras, testemunhos e graças divinas. É um fenomenal instrumento de evangelização, que não pode ser desperdiçado. O Papa Francisco viveu isso em seu ministério e se preocupa com essa realidade em seu magistério pontifício. Portanto, com razão, insiste na elaboração da homilia, pois se percebe imediatamente quando o celebrante não se preparou e fica procurando o que falar, sem conseguir concatenar as ideias. Portanto, podemos considerar que planejar a homilia é um ato de respeito para com a assembleia. Ao visitarmos uma família, por exemplo, sentimo-nos valorizados e respeitados quando nossa visita foi preparada com carinho e atenção. Isso é sinal de amor e devoção e faz bem ao nosso espírito. Não é diferente quanto à preparação da liturgia, particularmente da homilia, que exige uma cuidadosa elaboração, com pesquisa e prece. Por isso, o papa na sua exortação nos ensina que "a preparação da pregação é uma tarefa tão importante que convém dedicar-lhe um tempo longo de estudo, oração, reflexão e criatividade pastoral" (EG, 145). Delicadamente, nosso pastor maior nos apresenta um itinerário didático e bem lógico para planejarmos bem nossas homilias, que ocupam um lugar privilegiado dentro dos rituais sacramentais, particularmente na ceia eucarística. "Em virtude da graça que me foi dada, recomendo a todos e a cada um: não façam de si próprios uma opinião maior do que convém, mas um conceito razoavelmente modesto, de acordo com o grau de fé que Deus lhes distribuiu" (Rm 12,3).

Com delicadeza, o papa se dispõe a propor algumas indicações para a preparação de uma boa homilia, mesmo reconhecendo que os padres e ministros do culto são bem formados nas escolas de Teologia e Filosofia e têm grandes fundamentos para lidar com os textos bíblicos e as tradições cristãs. Sua preocupação advém da sua sensibilidade diante das comunidades que muitas vezes lamentam as homilias sem boa preparação. Acredita ele que muitas indicações são óbvias e bem conhecidas, mas muitas vezes esquecidas. É bem precioso o tempo dedicado a esse ministério.

Com certeza, os párocos e todos os pregadores são sobrecarregados de atividades pastorais e administrativas, dificultando a dedicação de um tempo favorável para essa tarefa, mas, na sua exortação *Evangelii Gaudium*, ele pede que se organize um tempo pessoal e comunitário, mesmo no meio de tantas tribulações. A primeira grande indicação é a oração ao Espírito Santo, para que ilumine a inteligência a acolher a mensagem divina. Em verdade, "a confiança no Espírito Santo que atua na pregação não é meramente passiva, mas ativa e criativa". O pregador é seu instrumento, servindo à causa evangelizadora com suas próprias capacidades, num ministério agraciado por Deus. As palavras dessa exortação são rigorosas e exortam que "um pregador que não se prepara não é espiritual; é desonesto e irresponsável diante dos dons recebidos de Deus". A preparação da homilia implica, assim, a dimensão espiritual, voltando-se para o Espírito Santo, e a dimensão intelectual, pesquisando e estudando os textos bíblicos e suas correlações antropológicas, teológicas e hermenêuticas.

Nosso trabalho terá três partes fundamentais: o aprofundamento do tema homilia na exortação *Evangelii Gaudium* (24 de novembro – Solenidade de Nosso Senhor Jesus Cristo, Rei do Universo – de 2013), o estudo dos temas e métodos das homilias do papa, proferidas na Casa Santa Marta, por um ano (2013-2014), e os escritos do sumo pontífice sobre o tema, que lhe é tão caro e primordial, para o bom exercício do múnus de evangelizar dos bispos, padres, religiosos e leigos.

1
A ALEGRIA DE ANUNCIAR

1. Homiliar: falar com Deus e falar de Deus

Iniciamos definindo este momento privilegiado dos rituais cristãos: homilia é uma explicação feita por um presidente da celebração, que pode ser um padre, um bispo e mesmo o papa. Essa pregação acontece durante a celebração da missa, após as leituras do Antigo e Novo Testamento, bem como em outros rituais sacramentais.

A homilia é, sem dúvida alguma, um ponto alto nas missas, porque vai explicar o significado das leituras e dos elementos litúrgicos que a compõe. Ela é, na realidade, uma explicação que deve ser bem simples, para que toda a assembleia possa entender e viver a mensagem.

Na época do Cristianismo primitivo, a homilia era mais objetiva, pois a explicação doa textos se encontra nas Escrituras, de modo que estes eram apresentados como ensinamentos mais próximos do povo cristão. Era proferida como uma conversa entre amigos fiéis e, também, era mais didática, para a compreensão de todos. Por ser bastante explicativa, ela se preocupava em mostrar as verdades cristãs. Como os cristãos eram oriundos do paganismo, era necessário ensinar essas boas-novas, de forma clara e direcionada aos neófitos. A vida, a missão, a morte e a ressurreição de Jesus Cristo eram o principal enfoque dessa nova comunidade religiosa. Com o passar do tempo, a homilia, que é uma peça fundamental na celebração da missa, passou a ser feita de maneira individualista, ou seja, cada celebrante segue por um caminho para proferir sua homilia. Os fiéis começaram a reclamar do excesso de duração da homilia, da maneira como é feita, ou simplesmente passaram a ouvi-la por obrigação.

Temos que destacar que a grande maioria dos homiliastas são muito eficientes. Há muitos sacerdotes que hipnotizam os fiéis e que, se falarem por uma hora, ninguém arreda os pés, como se dizia muitos anos atrás. Ou seja, ninguém sai enquanto ele não terminar. O mundo mudou e é necessário atualizar os padres sobre como se deve fazer uma homilia que conquiste a maioria dos cristãos.

No momento atual, diante de tantas transformações do mundo moderno, através do Papa Francisco, temos uma visão mais clara da homilia e de como inseri-la na realidade atual.

O papa começa dizendo que

> são muitas as reclamações relacionadas com este ministério importante, e não podemos fechar os ouvidos. A homilia é o ponto de comparação para avaliar a proximidade e a capacida-

de de encontro de um pastor com o seu povo. De fato, sabemos que os fiéis lhe dão muita importância; e, muitas vezes, tanto eles como os próprios ministros ordenados sofrem: uns a ouvir e os outros a pregar (EG 135).

Ele se preocupa em renovar a confiança na pregação, dizendo que Deus necessita de pregadores que consigam demonstrar seu poder, através da palavra humana. O maior exemplo de pregador continua sendo Paulo, que, no início da era cristã, saiu em viagens por todos os cantos do mundo romano para pregar. É interessante a história de Paulo, que, escolhido por Cristo, após sua morte, tornou-se o maior evangelizador do Cristianismo. Basta recordar sua frase, com grande paixão evangelizadora: "Anunciar o Evangelho não é glória para mim; é uma obrigação que se me impõe. Ai de mim, se eu não anunciar o Evangelho!" (1Cor 16,9). Paulo, apesar de nunca ter estado com Cristo em vida, transformou-se no pregador mais eloquente dos cristãos. Além de ter estudado por longos anos tudo o que se relacionava com o Salvador, seu enorme conhecimento do Antigo Testamento o fez ser um dos maiores santos da Igreja antiga. Paulo se destacou entre os apóstolos, sem ser contado entre os primeiros escolhidos. Foi mais inusitado que os outros, pois tinha o dom da palavra e sua formação era muito elevada.

Quando Cristo fazia suas pregações, todos ficavam maravilhados e cheios de esperança e amor, pois, certamente, os que vinham ouvi-lo deveriam sentir algo tão grandiloquente que seria impossível não os atingir na alma. Pensemos na felicidade de ver o próprio Cristo pregando, o próprio Filho de Deus falando para os homens. Uma experiência que transforma o coração do ser humano.

Mesmo não tendo testemunhado o próprio Cristo nos falando, podemos contar com sacerdotes bem preparados para pregar as palavras do Salvador, com uma ênfase maior de eloquência e amor para passar aos fiéis.

Sabemos que vinham pessoas de todos os lugares para ouvir Cristo. Fechemos os olhos e pensemos nesse momento. Se fosse hoje que Cristo estivesse nos falando, qualquer estádio de futebol, por maior que seja, seria pequeno. O próprio Cristo está nos falando por meio dos sacerdotes. Nas suas pregações, Jesus cativava a todos. Eles ficavam maravilhados, "bebendo" os seus ensinamentos (cf. Mc 6,2). Não podemos esquecer os apóstolos, como nos diz Francisco: "os apóstolos, que Jesus estabelecera 'para estarem com ele e para os enviar a pregar'" (Mc 3,14), atraíram para o seio da Igreja todos os povos com a Palavra (cf. Mc 16,15.20).

2. Homilia no itinerário do tempo litúrgico

O Papa Francisco nos recorda que a proclamação litúrgica da Palavra de Deus, onde são explicadas as maravilhas da salvação, tem um valor muito grande, pois a homilia retoma esse diálogo estabelecido entre Deus e seu povo desde as origens. Ele completa seu pensamento dizendo que o pregador deve sentir o coração da sua comunidade. Desse modo, pode-se entender o desejo de Deus para que esse "diálogo de amor" não seja estéril e produza frutos.

Quanto à homilia, Francisco nos diz que ela

não pode ser um espetáculo de divertimento, não corresponde à lógica dos recursos mediáticos, mas deve dar fervor e significado à celebração. É um gênero peculiar, já que se trata de uma pregação no quadro duma celebração litúrgica; por conseguinte, deve ser breve e evitar que se pareça com uma conferência ou uma lição (EG 136).

Quando vamos a um teatro assistir a um monólogo de uma hora de duração, percebemos que o autor da peça e o ator, que está fazendo a apresentação, conseguem manter o interesse das pessoas por uma hora ou até mais. Mas a homilia não é um espetáculo, é parte da celebração e, por mais que o padre queira fazer seu sermão de uma hora de duração, não pode esquecer que não é correto para a celebração ter menos tempo do que sua homilia. O presidente da celebração deve se preocupar para não desequilibrar o tempo das várias partes do ritual dos sacramentos.

O prolongamento da homilia, segundo o Papa Francisco, "torna-se mais importante que a celebração da fé", e isso quebra, portanto, a harmonia da celebração litúrgica. Objetivamente, Francisco diz que o pregador não pode ocupar mal o tempo precioso da homilia e brilhar mais que o Senhor. Temos que entender que, durante a celebração, existe um tempo para tudo, e o tempo da homilia não se deve estender mais do que o necessário. Ser breve é uma habilidade de síntese um tanto rara entre os pregadores. Deus é o principal "protagonista" presente nas celebrações. Portanto, o sacerdote não tem necessidade nenhuma de brilhar e deixar o Senhor Jesus em segundo plano. A harmonia entre as partes da celebração deve ser equilibrada e permitir que a celebração seja agradável e eficaz.

3. A homilia é a conversa carinhosa da mãe

Interessante é a forma com que Francisco nos ensina. Ele compara a homilia com uma conversa entre a mãe e o filho. Sabemos que, na vida, filho e mãe têm um contato muito próximo. É nela que o filho busca se espelhar para obter aprendizado e desenvolver sua maneira de ver o mundo. Mesmo em períodos nebulosos de adolescentes, normalmente o filho fala mais com a mãe e confia muito nela. Francisco ressalta o carinho com que mãe e filho se tratam e esse modelo inspira a relação entre pregador e fiéis.

O espírito de amor que invade mãe e filho faz, assim como a homilia, com que entendamos de forma respeitosa e alegre toda a interação que se desenvolve entre mãe e filho. Mais ainda, recordamos que, na maioria das vezes, é a mãe que acaba melhor catequizando o filho para a religião e para a vida. Esse é o objetivo fundamental da homilia.

Importa que ambos tenham uma visão bonita, aconchegante e próxima do amor que se tem pelos valores cristãos e humanos. Papa Francisco compara a homilia com uma conversa de mãe e filho, através da qual realizam o diálogo da compreensão.

O diálogo da compreensão é a forma delicada de receber os ensinamentos e fazer deles um caminho até o Senhor. Não é difícil entender por que Francisco cita esse diálogo familiar como modelo para o diálogo sobre Jesus. No caso do Evangelho, tem-se a conversa e depois a explicação. O filho aprende dos pais e a mãe normalmente faz uso de seu linguajar para que o filho entenda e assuma sua visão sobre o assunto suscitado pela Palavra de Deus.

Da mesma maneira, nós falamos da linguagem materna, que manifesta o carinho e o direcionamento ao filho. A mãe ensina somente o bem e o filho apreende. Em verdade, não estamos falando de exceções, mas de acontecimentos normais numa família, em que a mãe ilumina o filho através do diálogo. Com base nesse diálogo, Francisco nos dá exemplo do jeito correto de entendermos como é a verdadeira homilia. Essa peça do ritual litúrgico é como uma conversa de mãe e filho, pois transmite ensinamento e ilumina a vida. Essa é a razão de ser da homilia.

O Papa Francisco nos diz também que

o Espírito que inspirou os Evangelhos e atua no povo de Deus, inspira também como se deve escutar a fé do povo e como se deve pregar em cada Eucaristia. Assim como todos gostamos que nos falem na nossa língua materna, assim também, na fé, gostamos que nos falem em termos da "cultura materna", em termos do idioma materno (cf. 2Mc 7,21.27), e o coração dispõe-se a ouvir melhor (EG, 139).

Com coragem e delicadeza, o papa vai mais longe ainda, quando expõe que nem sempre a homilia é boa, pois, muitas vezes, ela é maçante e cansativa. Mesmo assim, o filho compreenderá que os conselhos maçantes acabam também dando fruto no coração dos filhos. Sempre que houver ternura e veracidade, o pregador tocará o coração dos fiéis. Recordamos Maria ensinando Jesus.

4. Falar como Jesus falou

O Papa Francisco nos diz que Jesus tem o poder de cativar todas as pessoas, principalmente as crianças. A comunicação com as crianças revela um dom especial dos pregadores, pois é a sensibilidade pura e sem máscaras. Recordamos quando profetiza que tenhamos coragem nos momentos difíceis: "Não temais, pequenino rebanho, porque aprouve ao vosso Pai dar-vos o Reino" (Lc 12,32). Jesus agradece ao Pai, pois ele mostrou a verdade somente aos pequeninos e não aos sábios. Com isso, ele nos mostra que Jesus encontra nos pequeninos a resposta para que acompanhem Jesus a vida inteira. A homilia nos ensina que é através deles que o mundo pode crescer e se transformar. Cristo tem o poder absoluto de encantar todas as pessoas, mas é justamente nos pequenos que expande a fé. De fato, o povo de Jesus é humilde e sofredor. Temos várias passagens que mostram que é esse povo que ele procura olhar, ajudar, ensinar e amar, pois vemos que se dedica e cuida dos pequeninos. Eis a simplicidade proferida por Jesus: "Bendigo-te, ó Pai, Senhor do céu e da terra, porque escondeste estas coisas aos sábios e aos inteligentes e as revelaste aos pequeninos" (Lc 10,21). O mundo de Jesus é formado por todos os homens e mulheres que quiserem acompanhá-lo, e pelas crianças também, com uma percepção muito grande de futuro.

5. Palavras de coração a coração

Francisco nos diz que "a fé surge da pregação, e a pregação surge pela palavra de Cristo" (Rm 10,17). Desse modo, o diálogo é muito importante, porque revela a comunicação de uma verdade. O prazer de dialogar com o outro mostra o sentido da comunicação que se realiza na homilia. Aqueles que se amam, diz o Papa Francisco, comunicam-se com palavras. É importantíssimo o diálogo. Além do mais, é algo benéfico, algo que perdura, que vem de dentro do coração e penetra na vida. Basta entender o seguinte: "a fé surge da pregação e a pregação surge da palavra de Cristo" (Rm 10,17). A homilia tem parceiros importantes, como a simpatia e a empatia, a simplicidade e o testemunho, fazendo com que a verdade ande de mãos dadas com a beleza e o bem. Não se trata de fazer uma pregação puramente moralista, mas sim de incentivar a prática do bem, através de exemplos e parábolas existenciais, as quais o Senhor usa para essa prática.

O povo precisa entender que a homilia traz verdades e que estas verdades são infalíveis na memória do povo fiel. Tal qual Maria que, ao ser anunciada, mostra-nos claramente que a Palavra que está na Escritura é mais que uma exigência; ela é simplesmente um dom, um convite, uma graça que Deus oferta.

6. Pregação nas culturas e mentalidades

O Papa Francisco nos ensina que esse diálogo, que é o conhecimento da homilia através do pregador e do ouvinte, é um verdadeiro desafio para a pregação inculturada e que é exigência da mensagem evangélica. A missão do pregador, portanto, é fazer com que cada um se sinta diante de Deus para ouvir sua mensagem. O diálogo tem o dever de reforçar a aliança que Deus fez com cada um de nós, com seu povo, com todos os povos.

Ele também deve refletir a caridade e a fraternidade, que são vínculos necessários para a fé cristã. Deus fala com cada um em particular e, assim, pela homilia, o pregador em seu nome fala com todos. No fundo é como se falasse particularmente a cada um, cada um é referência para a comunicação de Deus.

Devemos exprimir nossos sentimentos, diz o Papa Francisco, como se estivéssemos dialogando com o Senhor. É necessário que o pregador represente o Senhor Jesus para que a nossa conversa se transforme nesse diálogo em nosso coração. Entendemos, então, que "não pregamos a nós mesmos, mas a Cristo Jesus, o Senhor, e nos consideramos vossos servos, por amor de Jesus" (2 Cor 4,5).

Papa Francisco nos fala das crianças que foram batizadas de uma forma muito bonita, dizendo que é "aquele abraço batismal que o Pai nos deu quando pequeninos". Como filhos de Maria, recebemos o abraço do Pai misericordioso que nos espera na glória. Portanto, entre esses dois momentos que temos na vida, o nascer e ser batizado e o nosso partir e sermos recebidos por Deus Pai, não podemos esquecer que o pregador é o mesmo (não o mesmo sacerdote, mas Jesus, que está ali representado). Em outras palavras, a pregação nos preenche a vida do nascer ao morrer.

7. Preparar a homilia é respeitar a assembleia

O Papa Francisco se preocupa com a preparação da homilia e solicita aos padres que, antes de começarem a pregação, reservem um tempo para estudo, oração, reflexão e criatividade pastoral.

O pregador precisa entender que o Espírito Santo está sempre ao seu lado e que, por isso, apesar de todas as tarefas que um sacerdote tem, deve destinar algum tempo para preparar a sua homilia. Dessa confiança com o Espírito Santo, o pregador vai se inspirar para oferecer ao povo uma pregação ativa e criativa. Sabemos que o sacerdote que não se prepara espiritualmente não é correto com ele mesmo e que, além disso, se torna irresponsável, pois recebeu seus dons e não está fazendo uso deles, com humildade e verdade. Cada pregador, para todas as celebrações, deve ensaiar o que irá dizer com antecedência, no silêncio e na oração, como os músicos que, para tocar uma música, precisam ensaiá-la. A humildade e a dedicação ajudam a superar limites e conquistar novos objetivos.

8. Falar a verdade com delicadeza e humildade

Parece muito óbvio, mas, para fazer a homilia, nada mais coerente do que invocar o Espírito Santo. Como vimos, por primeiro, precisamos lembrar que o texto bíblico é o tema da pregação. Insiste o Papa Francisco que a mensagem da pregação exerce o "culto da verdade". O pregador deve ser humilde com o texto que vai estudar, como se não o conhecesse. Dessa maneira, com muita paciência, devemos conceder a ele todo o tempo que for necessário. Não se deve nunca se dedicar a um texto bíblico esperando resultados rápidos, fáceis e imediatos. Assim, a preparação deve ser benfeita e, principalmente, sem pressa, com todo o respeito, pois tem-se que entender que "trata-se de amar a

Deus que quis falar" (EG 146). Basta recordar o chamado de Samuel: "Fala, Senhor; o teu servo escuta" (1Sm 3,9).

Devemos compreender que os textos da Sagrada Escritura têm séculos de história e que é um texto traduzido em nossa língua, além de relatar acontecimentos e ensinamentos de um passado muito distante, pelo que requer uma leitura muito sábia e inteligente para entendermos o que realmente o texto nos fala e, assim, evitar fundamentalismos. Temos que retirar desse texto um tema que seja propício para entendermos claramente o que significa, qual a sua mensagem principal e seu sentido para nossa vida nos dias de hoje.

Há uma necessidade muito grande de esclarecer o texto em sua totalidade – texto e contexto –, e não de complicá-lo. Se não for assim, fazemos uma miscelânea dos temas encontrados, sem iluminar o tema fundamental. Muitas vezes, achamos que o escritor sagrado escreveu um texto simples e, na realidade, ele é muito profundo. Como uma obra de arte ou uma poesia, que pode parecer trivial se não tivermos capacidade de mergulhar em suas entranhas. É importante esmiuçar o texto, estudar seu contexto, destrinchar sua filologia, praticar sua exegese para entender sua mensagem. Caso contrário, nos tornamos como tantos pregadores que repetem e gritam frases de efeito, numa interpretação ridícula e distorcida das palavras. Esses absurdos refletem total ignorância dos homiliastas.

Todos os recursos que temos na análise literária possibilitam entendermos o texto, ou seja, estudarmos cuidadosamente as palavras, as intenções e o universo religioso e social do autor sagrado. Não é preciso debruçar-se sobre pequeninos detalhes, mas, sim, sobre o maior deles, que é o tema central da missiva. Os detalhes iluminam a mensagem fundamental que o escritor quer revelar. Ele é um mediador da voz divina para o entendimento do seu povo, que é o foco da revelação.

Como metodologia da apresentação da homilia, importa entender e descobrir a mensagem principal que constitui a estrutura e a unidade do texto. Orienta-nos o Papa Francisco que é fundamental que isso aconteça para que o emissor da mensagem se faça compreender. Se não houver essa integração lógica das ideias, a pregação será apenas uma colcha de retalhos e a assembleia não compreenderá a mensagem nem será iluminada no seu caminho de santidade.

9. Desvelar a mensagem fundamental

A mensagem da homilia é aquela que o autor transmite em primeiro plano, ele não mostra apenas uma ideia, mas várias, no entanto, existe uma principal que conduz o texto. Não é correto mudar o sentido verdadeiro de uma missiva; é preciso ter sensibilidade e conhecimento para deslumbrar a intenção do autor. Não adentrando o texto, foge-se completamente do seu sentido e se perde por caminhos completamente nulos. O autor pode até criticar incorrentezas históricas e culturais no texto bíblico, mas o que interessa é perceber a ideia central. O itinerário do escritor sagrado pode ser muito complexo, pois não é raro que o autor passe por vários caminhos, na perseguição do seu ideal primordial. Com certeza, devemos seguir o raciocínio lógico para entender a mensagem fundamental que está no coração do autor.

O sentido da mensagem central, o núcleo da missiva, tem ligação com todos os ensinamentos da Bíblia. Lembramos que o Espírito Santo não inspirou apenas um *trechinho*, mas o texto inteiro. Por causa disso, o escritor viveu com o seu povo, partilhando suas experiências humanas e religiosas. Para os pregadores, depois de anos de estudo, o conhecimento teórico e experiencial diante dos textos sagrados é muito familiar. Normalmente, os presidentes das celebrações conhecem durante a vida toda a missiva e sabem compreender o seu sentido existencial. Mas isso não é tudo, é preciso se preocupar com o texto, analisá-lo para transmitir seu conteúdo e transformá-lo em apresentação pública. Devemos estudá-lo ainda mais, para tirar mais força do próprio texto, de modo que a pregação revele novas perspectivas do assunto e sua atualização. Antes de proferir a homilia, a mesma deve estar elaborada no espírito do homiliasta, que a revisa no pensamento. Normalmente, a homilia deve ser falada espontaneamente, sem leitura fixa, pois isso resultaria numa apresentação monótona e pouco envolvente. São importantes as entonações vocais, os gestos corporais e as expressões faciais, para que o fiel se sinta interativo na comunicação.

10. Viver a Palavra que prega

O Papa Francisco nos diz que "as leituras do domingo ressoarão com todo o seu esplendor no coração do povo, se primeiro ressoarem assim no coração do pastor" (EG 149). Com essas palavras, ele é bem claro na sua preocupação de orientar na formulação e execução da homilia. O pastor, antes de mais nada, deve desenvolver a sua paixão pela Palavra de Deus. Assim como o compositor de uma sinfonia que, se não tiver paixão e entrega, nunca conseguirá terminá-la com graça e elevação. A paixão é a Palavra de Deus como matéria-prima para as homilias. O pregador precisa colocar no seu coração "dócil e orante" os "pensamentos e sentimentos" de Deus. Sem essa comunhão, a homilia é um discurso sem mística e sem graça divina. Dessa maneira, com dedicação e entusiasmo, certamente a pregação terá maior ardor na preparação e maior fecundidade na exposição. É fundamental incorporar essa responsabilidade de que "cresce o amor pela Palavra que pregamos" (EG 149).

Papa Francisco não tem dúvidas de que o sentimento do pregador, mesmo com "maior ou menos santidade", consegue influenciar na forma como vai expor sua homilia. Sentindo em si mesmo a graça do Senhor, seu coração revela aos ouvintes as Palavras de Deus e a alegria que elas nos trazem. Recordamos São Paulo, quando diz que "falamos, não para agradar aos homens, mas a Deus que põe à prova os nossos corações" (1Ts 2,4). A homilia é, por assim dizer, um certo autorretrato da alma do pregador.

Para ser bom e eficaz pregador, antes de tudo, é necessário aprofundar a Palavra de Deus dentro de si mesmo e, somente depois, ensiná-la. É bem triste reconhecer que existem muitos que a ensinam sem nada saber e sem nada praticar, pois, denuncia o Cristo: "eles atam fardos pesados e insuportáveis e colocam-nos aos ombros dos outros, mas eles não põem nem um dedo para os mover" (Mt 23,4). Os grandes moralistas nas pregações que se exaltam sem sermões acusativos, podem esconder profundas feridas na própria alma.

Francisco repete que a Palavra de Deus deve ser imersa dentro de nós como uma espada que nos trespassa. Quando aceitamos que a Palavra nos trespasse, estamos prontos para proferir nossa pregação. Com essa simbiose entre o pregador e a Palavra divina, a homilia será intensa e fecunda e, então, conseguiremos comunicar àqueles que estão ouvindo tudo o que sentimos, cremos e buscamos para nossa vida. Francisco nos diz que o apóstolo Tiago exortava: "Meus irmãos, não haja muitos entre vós que pretendam ser mestres, sabendo que nós teremos um julgamento mais severo" (3,1). É lamentável notar que muitas vezes os pregadores são incoerentes e fazem exigências muito duras para os fiéis mais piedosos, mas nunca se preocupam em praticá-las. Existe um ditado de que "as leis somente são consideradas boas se os seus legisladores forem os primeiros a assumi-las". Somos testemunhas de juízes, senadores e deputados que votam leis para o povo, mas que, para si mesmos, adotam outras, levando-os ao descrédito e ao desrespeito. Essa não é a lógica da homilia, pois o homiliasta deve repetir nas palavras as verdades e as normas que proclama na assembleia.

Francisco insiste ainda na necessidade de o pregador nunca deixar, de alguma maneira, de melhorar, que tenha vontade imensa de progredir no conhecimento do Evangelho. Estudar sempre, atualizar-se e conhecer a reflexão teológica e bíblica. Que nunca deixe esse propósito desmoronar. Do ponto de vista espiritual, é mais que necessário que o pregador tenha a certeza de que Deus o ama, que Cristo o salvou e sempre estará em sua companhia espiritual, e que o Espírito sempre o assiste. Mais grave ainda é o papa, quando diz que, se o pregador não escutar essa Palavra, está sendo desleal. São incisivas suas palavras: "Todavia, se não se detém com sincera abertura a escutar esta Palavra, se não deixa que a mesma toque a sua vida, que o interpele, exorte, mobilize, se não dedica tempo para rezar com esta Palavra, então na realidade será um falso profeta, um embusteiro ou um charlatão vazio". (EG 151). Humildemente, ele deve ter a postura de Pedro: "Não tenho ouro, nem prata, mas o que tenho, isto te dou" (At 3,6). O que o Papa Francisco está dizendo é que o Espírito Santo, que inspirou a Palavra, desde o início da Igreja, age em cada evangelizador que se deixa conduzir por ele. O Espírito implanta em cada pregador, que se entregar a Cristo, a Palavra que ele sozinho não conseguirá jamais proclamar. Pela confiança em Deus, a fé poderá fazer com que o pregador se doe mais profundamente ao Espírito Santo e profira a homilia com nobreza e eficácia.

11. Homilia e espiritualidade

O Papa Francisco nos ensina que a leitura orante da Bíblia não se encontra separada do que ele vai anunciar, ou seja, da mensagem central da leitura bíblica. O importante é que o pregador apresente nessa mensagem alguma coisa da sua vida, em forma de testemunho, por vezes, falado e, outras vezes, silencioso. Trata-se de uma leitura espiritual, que se adapta aos seus próprios sentimentos. No entanto, ele não poderá usar um texto que não seja apresentado pela Igreja. Não pode buscar um texto para condicioná-lo à sua intenção, pois a Igreja tem um projeto de leitura continuada e paulatina dos livros bíblicos. Somos ouvintes do texto e não podemos impor-nos aos seus ensinamentos. Se o pregador escolher o texto que lhe interessa, estará instrumentalizando a Palavra de Deus a serviço de ideologias e de situações concretas da comunidade. Se não for fiel às leituras definidas pela Igreja, poderá ser desonesto com a Palavra de Deus. O pregador deve acolher as leituras anunciadas, "caso contrário, uma pessoa facilmente fará o texto dizer o que lhe convém, o que serve para confirmar as suas próprias decisões, o que se adapta aos seus próprios esquemas mentais" (EG 152). Lembremos que muitas vezes podemos assumir algo inadequado para nossa vida e estarmos do lado completamente oposto do que pretendemos dizer: "também Satanás se disfarça em anjo de luz" (2Cor 11,14). Não somos senhores, mas servidores da Palavra.

Quando estamos na presença de Deus, fazendo nossa leitura de modo tranquilo e quieto, é possível perguntarmo-nos: "Meu Deus, o que sinto com este texto?". E nós mesmos podemos buscar entender a resposta, porque, no fundo, ela está dentro de cada um de nós. Isso acontece sempre que se procura uma resposta em Deus. Ocorre, porém, que temos tentações, e nos sentimos incoerentes ou desanimados, pois a Palavra que proclamamos não transforma o nosso coração. O Papa Francisco nos diz que "outras vezes pensamos que Deus nos exige uma decisão demasiado grande, que ainda não estamos em condições de tomar. Isto leva muitas pessoas a perderem a alegria do encontro com a Palavra, mas isso significaria esquecer que ninguém é mais paciente do que Deus Pai, ninguém compreende e sabe esperar como ele" (EG, 153). Pregadores e fiéis não são pessoas perfeitas, mas cristãos no caminho da santidade. Importa que estejamos sempre buscando viver melhor os ensinamentos que anunciamos nas celebrações. Mesmo os pequenos gestos e posturas durante as celebrações manifestam nossa sensibilidade e nossa humildade no caminho da perfeição que todos trilhamos. E, quando não percorremos ainda o caminho que ele nos traçou, devemos pedir-lhe graças e mostrar que estamos dispostos a progredir. Como escreve o papa: "peçamos a ele o que ainda não podemos conseguir" (EG 153).

12. Sensibilidade para ouvir o clamor do povo

O pregador tem que escutar o seu povo, descobrir o que ele precisa ouvir. Não esquecendo que ele é um místico a serviço da Palavra e também um fiel do povo de Deus. Necessita fazer uma hermenêutica com a mensagem do texto bíblico, aplicando-a à realidade e interagindo com a situação humana. É preciso lucidez para relacionar os argumentos, como, por exemplo, os poderosos da época de Jesus e os poderosos de nosso tempo, os pobres de outrora e os pobres de nossas periferias; ou, ainda, os charlatões das religiões antigas e os grandes charlatões do mercado religioso atuais. Essa reflexão é uma experiência que precisa da luz divina e da força das palavras. É necessário procurar saber como o texto bíblico pode servir para essa situação tão difícil. Então, a preparação da pregação transforma-se num exercício de *discernimento evangélico*, no qual se busca reconhecer – à luz do Espírito – "um "apelo" que Deus faz ressoar na própria situação histórica: também nele e através dele, Deus chama o crente" (EG, 123).

Quando fala dos recursos pedagógicos (EM, 156-159), como meios didáticos de proferir a homilia, o papa destaca alguns itens significativos. Podemos elencar objetivamente, pois, ainda que o conteúdo seja essencial, os métodos de anunciá-los devem ser eficientes:

– preparar a pregação de modo a garantir uma apropriada extensão: "Sê conciso no teu falar: muitas coisas em poucas palavras" (Sir 32,8);

– recursos práticos: usar imagens na pregação, isto é, falar por imagens;

– deve ser linguagem que os destinatários compreendam, para não correr o risco de falar ao vento;

– há palavras próprias da teologia ou da catequese cujo significado não é compreensível para a maioria dos cristãos;

– a linguagem pode ser muito simples, mas a pregação pouco clara. Pode-se tornar incompreensível pela desordem, pela falta de lógica, ou porque trata de vários temas ao mesmo tempo;

– mostrar também um valor positivo que atraia, para não se ficar na queixa, no lamento, na crítica ou no remorso;

Essas orientações didáticas são fundamentais para que o pregador possa proferir homilias capazes de converter o coração dos fiéis e transformar a própria vida; afinal, o objetivo da homilia é catequético, evangelizador e santificante. Como é bom que sacerdotes, diáconos e leigos se reúnam periodicamente para encontrarem, juntos, recursos que tornem mais atraente a pregação! (EN, 159).

2

A TEOLOGIA E A MÍSTICA DAS HOMILIAS

Para aprofundar e entender a espiritualidade e a teologia do Papa Francisco, tomamos as suas homilias, proferidas nas celebrações diárias na Capela Santa Marta e em suas peregrinações. Estudamos as homilias do primeiro ano de seu pontificado, considerando os temas e as formas linguísticas e nas abordagens a grandeza de sua criatividade comunicativa, sua impressionante formação teológica e sua espiritualidade, que se explicitam com simplicidade e, muitas vezes, com grande senso de humor, sobretudo, quando se trata de temas delicados e mais críticos. Em geral, faremos uma síntese do seu pensamento, ilustrando com suas próprias pregações, tomando os temas mais recorrentes e os argumentos teológicos, nas dimensões bíblicas, doutrinais, pastorais e éticas. Anotando os principais temas dentro de um ano, podemos ter uma visão ampla de sua formação humana e cristã, que se manifesta nas pregações.

É perceptível, para os fiéis ouvintes, os fundamentos teológicos e a espiritualidade das homilias. Não é uma exposição doutrinal explícita, mas a grandeza de suas pregações consiste em revelar nas entrelinhas seu grande arsenal dos tratados bíblicos e dogmáticos. Revela ainda grande conhecimento dos ensinamentos morais e éticos da tradição da Igreja, que se fundamenta nos textos bíblicos. Papa Francisco cita os textos com maestria e simplicidade, para que os fiéis na celebração sejam envolvidos por seu pensamento e partilhe de suas ideias, assumindo seus projetos renovadores da Igreja e da sociedade. Podemos ressaltar pontos fundamentais das várias áreas da doutrina da Igreja, que se encerram nas suas pregações. São profundamente enriquecedoras e aprendemos, além do seu conteúdo, a sua metodologia na transmissão das verdades cristãs.

1. O Espírito Santo na vida dos cristãos

Na sua pregação, por ocasião de Pentecostes (16 abril 2013), Francisco anota que o Espírito Santo é a luz divina contra o espírito do mundo. Ao mesmo tempo que consideramos o espírito do mal, que governa os espíritos malignos, devemos ter a "astúcia cristã" para nos proteger dos males. Se o próprio Cristo nos ensina que devemos ser "astutos como as serpentes e puros como as pombas" (Mt 10,16), o Espírito de Deus, que é luz, nos fortalece para que sejamos capazes de viver a "honestidade na vida". Se o cristão for nutrido pela força do Espírito, terá força interior para agir com retidão e fazer a diferença num universo de desonestidade e de espertalhões. O cristão deve ser capaz de viver sem entrar nesse círculo perigoso que domina as relações humanas, sociais e políticas. Somente a graça divina, que é um dom do Espírito, pode nos conscientizar para sermos astutos, sem sermos injustos, e puros, sem sermos ingênuos. A pureza é a virtude do ser humano que se afasta da malícia e da corrupção do espírito; não se deixa contaminar pelas tendências pecaminosas do mal. Também a astúcia é vista como um dom do Espírito que une a prudência com a justiça e nos permite viver em meio aos males sem praticarmos ações ilícitas, que ultrajam o Espírito.

O Espírito é uma força espiritual que nos deve governar e conduzir. Ao celebrar o aniversário de oitenta anos do seu predecessor, Bento XVI, o papa adverte que jamais nos devemos opor à ação do Espírito, uma vez que o "Espírito Santo não é domesticável". Suas palavras são incisivas: "o Espírito não se domestica". É ele que conduz e ilumina a nossa vida e governa a Igreja. Basta considerar que o Espírito Santo foi acolhido pelo Papa João XXIII, que abriu seu coração e realizou o Concílio Vaticano II, que é a obra mais magnífica da Igreja nos últimos séculos. Somente a docilidade ao Espírito dá humildade para nos questionarmos se realizamos todas as renovações estabelecidas no Concílio, a fim de realizar o crescimento da Igreja. Para ser fiel ao Espírito, mais que festejar e repetir seus brados, é preciso deixar-se incomodar e descobrir sua força em nossa vida.

Seguindo a compreensão dos padres da Igreja, (como, por exemplo: "Se cada um guardasse apenas o indispensável para suas necessidades ordinárias, deixando o SUPERFLÚO para os indigentes, a riqueza e a pobreza seriam abolidas". Basílio de Cesareia. P.G. 31, p. 262-78, entre tantos), o papa insiste que o Espírito possibilita a fecundidade divina na vida da Igreja e é preciso sermos incomodados. É perigosa a atitude triunfalista que edifica um monumento ao Concílio, exaltando o Espírito, mas depois não segue seus ideais. Como "há vozes que gostariam de voltar atrás e renegar o Concílio", e o papa acusa a esses de "domesticadores do Espírito". O Espírito é a pessoa sublime da Trindade que nos torna corajosos, não nos permite tornar "insensatos e lentos de coração"; antes nos torna corajosos e profetas dos novos tempos.

2. Uma Igreja simples e servidora

Cristo amou sua Igreja, quer dizer, seu povo, seus seguidores e seus amigos fiéis. Papa Francisco assume o conceito de Igreja como povo de Deus, do qual todos os povos fazem parte e são convidados a participar, formando um só rebanho e um só pastor. Na homilia de Pentecostes (capela Santa Marta, 8 de maio de 2013), o pontífice recorda que a "família dos cristãos" brotou da oração dos apóstolos com Maria, reunidos no cenáculo. A Igreja, pelo sopro do Espírito Santo, acolheu a mensagem de Jesus e saiu para evangelizar em todos os recantos do mundo. Não houve fronteiras nem de lugares, mesmo os mais perigosos, nem de povos, acolhendo todos os pagãos, unificando a todos no mistério da unicidade de Deus. A Igreja é universal, acolhe em seu âmago todos os ritos, símbolos, linguagens e culturas; assim, ela se espalha pelo mundo inteiro. Em verdade, quando "na nossa oração rezamos 'Senhor, olha para tua Igreja', entendemos como Igreja do Senhor esta família de fiéis que reúne todos os nossos irmãos". A oração pela Igreja deve tocar nosso coração. Muitas vezes, rezamos para pedir uma graça ao Senhor e tantas vezes rezamos para agradecer. No entanto, devemos rezar com mais entusiasmo pela Igreja, quer dizer pelos povos mais distantes, pelos que sofrem perseguições, afinal, receberam o mesmo Batismo. A Igreja não é nossa, a Igreja é de Jesus Cristo. Todos somos ovelhas de seu rebanho e, assim, confiamos a Igreja ao Senhor. A oração faz crescer a Igreja na fidelidade a seu Deus e revela a nossa fé e nossa confiança. Afinal, a Igreja é uma história de amor e nós somos seus personagens (homilia, 25 de abril de 2013).

A Igreja precisa ser viva, dinâmica e não se cristalizar em estruturas. O papa nos alerta para o perigo da perda da essência da Igreja, pois, "quando se dá demasiada importância à organização, quando escritórios e burocracia assumem uma dimensão predominante, a Igreja perde a sua verdadeira substância e corre o risco de se transformar numa simples organização não governamental". São esses os fundamentos do pontífice para a Igreja e a concepção desta como família do povo de Deus, superando os conceitos de "hierarquia" ou "instituição jurídica". Somos a Igreja e somos seus filhos, assim, a concepção mais sublime é a maternidade da Igreja. Essa maternidade é perene, sobrevive no tempo e penetra na eternidade. Nesse instante, o papa compara a maternidade da Igreja com aquela de Maria. Essa família, edificada em Jesus Cristo, é fecundada pela graça do Espírito Santo. Refletindo na homilia da Casa Santa Marta sobre a família eclesial, que deve ser fermento no mundo sem Deus, o papa, numa metáfora inusitada, reafirma que a Igreja não é uma "*baby-sitter*" (17 de abril de 2013), que cuida de uma criança e a adormece. Ela é a mãe que alimenta seus filhos com a graça dos sacramentos, com a caridade de Jesus Cristo. Não pode ser uma Igreja adormecida, pois seus membros são consagrados a Jesus Cristo e isso exige coragem de anunciar seu nome ao mundo. Insiste o Papa Francisco, na sua teologia eclesial, que a Igreja é a congregação dos fiéis que, "quando evangelizam, tornam-se uma mão que gera filhos" e transformam o mundo em Reino de Deus.

3. A graça da ética cristã

Além de profundidade e conhecimento da tradição, o papa toca em temas relacionados à ética e à moralidade dos cristãos, com uma forte vertente social. Em algumas homilias, menciona assuntos de amplitude mundial, como justiça social, migração, conflitos étnicos e refugiados; em outras, aborda questões pessoais e familiares, para a boa convivência entre irmãos, nos círculos familiares.

Na homilia da Casa Santa Marta (16 de junho de 2013), ele fala da virtude que deve ser típica dos cristãos, que é a humildade. Buscando referência nos grandes sermões dos padres da Igreja e dos moralistas medievais, entre eles, Agostinho de Hipona, João Crisóstomo, Ambrósio de Milão, Leão Magno e Tomás de Aquino, define essa virtude como "a capacidade de reconhecer os próprios pecados e a fragilidade humana". Sentir-se frágil não é humilhação, mas humildade e nobreza de espírito. Somos humildes quando anunciamos o Cristo por nosso testemunho de santidade e humildade. Francisco faz questão de frisar: os leigos, mas, sobretudo diáconos, sacerdotes e bispos. Sem humildade, não acolhemos a riqueza da graça divina, que é dom gratuito e um tesouro para nos fortalecer. A graça é um bem divino que devemos proteger em vasos de barro. Essa imagem é tomada pelo papa para dizer que não podemos ser "pelagianistas", com a garantia da vaidade de apropriar-se da graça divina como "currículo pessoal". Muitos pregadores e ministros dos cultos se comportam como se a graça de Deus fosse um bem para seu uso e para sua autoafirmação. É assim que, muitas vezes, grandes operadores de milagres, supostamente verdadeiros, enfrentam enfermidades e a morte sem curar a si mesmos. A graça é um bem que comunicamos aos irmãos; sempre sob o olhar do próprio Deus. A humildade como imagem dos cristãos ensina que somos "vasos de barro muito débeis". Mas ela nos faz acolher a grandeza de Deus, como aconteceu com Maria. Deus operou maravilhas, pois sua humildade a tornou templo de Deus (Lc 1,46-49). De fato, insiste o papa: "nós somos miseráveis vasos de barro e realiza-se em nossa vida o poder de Jesus Cristo salvador, quando se instaura o diálogo da salvação". Não é para nos sentirmos senhores, mas filhos de Deus pela graça. Ele fala com um tom irônico, muito presente em suas homilias, que "temos sempre a tentação do currículo e escondemos nosso prontuário". Não podemos julgar-nos poderosos, dominadores do sagrado e possuidores da graça. Somos apenas os seus dispensadores, pois toda a graça vem de Deus. Referindo-se aos sacerdotes, o papa afirma que "se nos avantajarmos de nosso currículo e nada mais, acabaremos por errar".

Numa homilia para famílias (2 de setembro de 2013), Papa Francisco fala de um tema muito simples e até mesmo cotidiano, destacando o mal que vem do mau uso da própria língua. Mesmo o tema sendo simples, sua reflexão é bastante profunda e provoca a conversão. Ele alerta que "a língua, a tagarelice, o mexerico são armas que todos os dias insidiam a comunidade humana, semeando inveja, ciúmes e ganância do poder".

Desde sempre, repetimos que a homilia deve versar sobre o mistério da fé, mas é também uma força para a própria vida, uma orientação nos momentos obscuros, uma fonte de graças nas adversidades e exortações para os infortúnios cotidianos. Dessa feita, o papa causa até mesmo estupefação quando trata de situações aparentemente banais. Isso significa que o papa viveu as situações cotidianas das famílias, dos grupos sociais e das comunidades e entende que os grandes problemas surgem de situações pequeninas mal resolvidas. Assim, na questão da ética pessoal, ele adverte sobre o problema das fofocas, que são calúnias superficiais e que tanto mal fazem para os irmãos na convivência. Denuncia que "com a calúnia chega-se até a matar uma pessoa e, assim, falar de paz significa também pensar em quanto mal se pode fazer com a língua". Nessa antropologia humana e teológica, o papa se inspira na passagem de Lucas (4,16-30), que mostra que Jesus conhece mesmo a nossa alma; ele nos conhece inteiramente, nos conhece por dentro, como podemos observar no Evangelho de João: "Mas Jesus mesmo não se fiava neles, porque os conhecia a todos. Ele não necessitava que alguém desse testemunho de nenhum homem, pois ele bem sabia o que havia no homem" (Jo 2,24). Jesus não quer ser um milagreiro, o qual as pessoas procuram para satisfazer seus desejos e, depois, abandonam. Existe em sua ação sempre a motivação da caridade e o desejo de formar a alma humana para o bem.

O espírito que busca a perfeição supera a ganância, os interesses pérfidos e as maledicências.

4. Pregação e conversão

Jesus prevê pelas atitudes desses patrícios, em Cafarnaum, que eles querem o espetáculo e não a conversão. Jesus não é artista e não se comporta como artista, e isso provoca indignação, ciúmes e inveja, promovendo um processo de perseguição, calúnias e incitamento à sua condenação. Sempre a condenação dos justos é precedida de um processo crescente e malicioso de mentiras e julgamentos falsos. A história se repete e "isso acontece todos os dias no nosso coração, nas nossas comunidades". É um tipo de assassinato, pois "quem, numa comunidade, fala mal contra um irmão acaba por provocar a sua morte, morte moral, morte dos sentimentos".

Foi a calúnia que levou Jesus à condenação. Os poderosos do Templo e do palácio precisavam ouvir calúnias, a fim de ter motivos para seu processo maldoso. Judas é o protagonista dessa rede de intrigas pessoais e públicas. Ele vai falar o que os sacerdotes e governantes querem ouvir. E geralmente acreditamos em mentiras quando estamos no espírito da condenação. Como queriam condenar Jesus, ouvem quem repete as falsidades de que eles precisam no processo predeterminado. O caluniador torna o seu irmão uma mercadoria e o vende para lucrar ou somente para exercitar seu coração malicioso. A criatividade do caluniador é impressionantemente ativa; desenvolve seus argumentos a partir de pequenos indícios e gera grandes falácias. Assim, "quando fazemos uma escolha pelos trinta denários, pomos Jesus de lado".

Notamos nas homilias, ao versarem desses temas, um tratado de antropologia humana e teológica. Embora pareçam reflexões triviais, o papa as coloca numa dimensão profunda, para entender o espírito humano em suas grandes fragilidades, em suas luzes e em suas sombras. Ele procura perscrutar o ser humano em sua profundidade. Por isso, numa conversa que fomenta a intriga e a difamação, o irmão se torna objeto de venda e mercadoria. Num espírito mal resolvido, com inveja e irrealizações, "nota-se a alegria obscura na tagarelice". Esse mal é uma chaga na comunidade e enfraquece os vínculos entre seus membros.

5. As batalhas da justiça

A presença de temas sociais nas pregações do Papa Francisco é muito frequente, embora sempre oportuna, conforme o texto bíblico e a participação da assembleia. Assim, os temas da pobreza, da violência, do desrespeito às normas das relações internacionais estão sempre em voga em suas pregações. No entanto, o assunto mais tem abordado é sobre a corrupção, que tem assolado os governantes de tantos países, sobretudo os países mais pobres, onde a punição é praticamente nula ou vestida de interesses políticos partidários. Nos seus anos de pastoreio em seu país e com base na sua grande experiência como sacerdote ligado às comunidades mais pobres, ele pôde perceber que as punições são privilégios dos mais empobrecidos e que os grandes detentores de poder usurpam as leis, por meio de juízes e tribunais comprometidos, uma vez que legitimados pelos próprios governantes corruptores.

Sobre a corrupção, encontramos em Francisco um dos temas mais incisivos e diretos na sua obra *Seu nome é misericórdia*, onde anuncia a indignação divina contra os que praticam a iniquidade contra os seus povos governados.

Ao tratar da corrupção, denuncia que, onde há engano, não há o Espírito de Deus. Ao proferir sua meditação matutina na Capela Santa Marta (*L'Osservatore Romano*, 14 de novembro de 2013), explica que existe uma grande diferença entre o pecador e o corrupto. O pecador comete uma falta e percebe que está no caminho do mal e procura sua conversão. O corrupto se acomoda na sua condição e não busca conversão. "Quem leva uma vida dupla é um corrupto." Ele afirma que: "quem peca, ao contrário, gostaria de não pecar, mas é débil ou encontra-se numa condição na qual não pode achar uma solução mas vai ter com o Senhor e pede perdão". Bem diferente é a situação do corrupto. Ao pecador, Deus ama e lhe dá forças para recomeçar; como diz: "todos nós que estamos aqui: pecadores sim, corruptos não". Para ter o perdão de Deus, diz o papa na sua homilia, é preciso humildade. O corrupto desconhece essa virtude e sempre acredita que está acima da lei e faz a própria justiça. São sepulcros caiados, que escondem uma grande podridão e exibem uma fachada hipócrita. Suas palavras incisivas recordam o texto do Evangelho: "bonitos por fora mas dentro cheios de ossos podres... um cristão que se vangloria de ser cristão mas não leva uma vida cristã é um corrupto". É uma metáfora bastante objetiva e direta no seu discurso.

A linguagem do papa nas homilias é incisiva e sem rodeios, apontando para os verdadeiros protagonistas das mazelas sociais. Sem citar nomes, fica bem evidente de quem se está falando, como se vestissem carapuças. Nota-se uma clara aplicação à realidade. Quando fala do administrador infiel, está se referindo a governantes corruptos que se servem das coisas públicas para seu proveito particular. Na celebração de 8 de novembro de 2013, tocando esta passagem bíblica (Lc 16,1-8), denuncia os administradores corrompidos, tidos como "devotos da deusa ilegalidade", pois atentam contra a dignidade dos irmãos, e o pão que colocam na mesa dos seus filhos é "pão sujo". A pecaminosa astúcia mundana deve ser combatida com a astúcia cristã. Os cristãos combatem o espírito de mundanidade que tomou conta dos governantes, que, por certo, não se apoderou de todos, mas de muitos. Pecado é governar servindo-se dos meios cômodos e breves de enriquecer, que é o enriquecimento ilícito e pecaminoso. Pecador é o governante e o poderoso que levam para casa o pão ganho com o suor e o sofrimento dos mais pobres. Quando o pai leva para casa o "pão sujo", conquistado com a desonestidade, torna-se indigno diante de seus filhos e os ensina o caminho da perversidade. A mundanidade, insiste o papa em suas homilias, é um suborno tão terrível quanto a droga. O corrupto é um enfermo que se torna dependente da ilegalidade e da imoralidade.

Destacamos sempre a profundidade da reflexão do papa, que evita elucubrações intelectuais estéreis para tocar a essência dos temas que apresenta, sejam eles doutrinais, morais, familiares, sociais ou afetivos.

6. Metáforas das pregações

Com a profundidade e a sabedoria de seus conhecimentos das ciências humanas, particularmente suas intuições, o Papa Francisco serve-se de metáforas, por vezes simbólicas e, por vezes, linguísticas. Quando apresenta temas especulativos, referentes aos mistérios da fé e aos conceitos teológicos e filosóficos, as metáforas são recursos que atingem a profundidade dos temas e facilitam a compreensão para todos os níveis de conhecimentos acadêmicos. Realiza-se a interessante passagem do conhecimento para a sabedoria, que toca mais profundamente a alma humana. Na pregação da missa de 12 de dezembro, sempre na celebração matinal de Santa Marta, no texto que recorda Elias (1Rs 19,11-13), a metáfora usada aproxima a voz divina por meio da melodia suave. Quanto mais suave a melodia, mais toca o coração humano e edifica o espírito. De fato, no barulho do granizo, da chuva ou da ventania, não nos elevamos, não abrimos o espírito para acolher a delicadeza das mensagens. Quando temos muitos rumores, os ouvidos se fecham, o espírito se irrita e não entendemos nada mais. Por isso, a voz divina se faz mais eloquente no silêncio e na calmaria. Ela não é barulhenta; antes, é suave para quem quer escutar, meditar e seguir. A linguagem metafórica da música é a comparação acessível para todos que estão na pregação. Assim, "será sempre bem um pouco de silêncio, para ouvir as palavras de amor, de muita proximidade, estas palavras de ternura, que o Senhor nos comunica". É preciso que a voz seja suave, para nosso espírito silenciar e, assim, nos fecundar o espírito. Assim é com as canções, bem como com as palavras do Senhor.

Quando falou de oração, na celebração de 8 de outubro de 2013, Francisco serviu-se de uma metáfora bem conhecida e mesmo popular. Nossa oração não pode ser como as falas dos papagaios, que repetem sem cessar, nem sabem bem o que falam, mas continuam a falar. A figura do papagaio para representar pessoas que falam sem refletir é muito usada nas relações humanas e o papa não teme fazer uso dessas figuras de linguagens, sem perder sua nobreza e sua reverência. O modo de rezar não é "de papagaio, mas feito com o coração, que nos leva a olhar, escutar e suplicar ao Senhor".

Para explicar o mistério da Igreja, o papa (homilia de 22 de outubro de 2013) compara a Igreja com um hospital de campanha, que está sempre aberto e disposto a acolher os "enfermos". Num hospital tradicional, os enfermos que chegam devem preencher longas fichas e comprovar muitos itens, dificultando a acolhida e burocratizando o serviço. Num hospital de campanha, diz o papa, os enfermos ficam bem mais próximos dos enfermeiros e dos médicos e de seus atendimentos, tornando mais eficaz e humana a relação. Deve ser assim a Igreja, pois esta é serva de Cristo para acolher os fiéis, e, dessa forma, tem de estar próxima, à disposição e colocar-se como servidora dos necessitados de acolhida e apoio moral, religioso e material. A Igreja não deve ser carregada de burocracias, e o mistério de sua missão consiste em revelar o Cristo aos fiéis, os quais se sentirão amados e acolhidos.

Sendo profundo conhecedor da identidade da Igreja pós-Vaticano e conhecendo, por sua formação teológica e espiritual, o mistério que a Igreja revela em sua essência, o sumo pontífice não tem necessidade de repetir conceitos eloquentes, que podem dizer muito de forma abstrata, mas não significam muito para a fé e a espiritualidade. As metáforas são os mecanismos linguísticos do papa para revelar os mistérios mais profundos, que em outras ocasiões são manifestados pela poesia, pelas melodias, pelos conceitos e, mais ainda, por símbolos. Por sua habilidade como pregador, ele percebe que para comunicar seus sentimentos e a profundidade da fé, as metáforas são meios valiosos. Recordamos sua pregação sobre o tema, quando afirma que "a Igreja, quando quer dizer-nos algo sobre este mistério, usa só uma palavra: admiravelmente... Sua prece é: Ó Deus, tu que admiravelmente criaste o mundo e mais admiravelmente o recriaste...". Sem muitas palavras, para ser Igreja é "necessário pôr-se de joelhos, rezar e contemplar". Como o verdadeiro enfermeiro que cuida das feridas, os pastores da Igreja, os padres e todos evangelizadores devem estar próximos do povo, assumir suas dores, compreender suas misérias e participar de sua história. A palavra maravilhosa para essa visão de Igreja é "proximidade", estar à mão, servir com amor e dedicação o povo de Deus.

Uma metáfora bíblica usada pelo papa é a comparação da vida humana e dos mistérios da nossa fé como um bem precioso "custodiado em vasos de barro". Encontramos essa expressão bíblica (2Cor 2,7r) com certa frequência, e o fato de o papa usá-la quer indicar seu conhecimento e sua sensibilidade para entender a realidade da fé e seus mistérios diante de nossa pequenez espiritual e intelectual. O mistério é sempre maior que sua expressão linguística, seus símbolos e suas palavras. O recurso da metáfora é muito importante para transmitir a mensagem na homilia, mas ela deve ser clara, simples e sem preconceitos. O papa anuncia com simplicidade que "as almas dos justos estão nas mãos de Deus (Sb 3,1). Desse modo, compreendemos que Deus é um artesão. Assim, pensemos nas mãos de Deus que nos criou como um artesão. Deu-nos a saúde eterna. São mãos cheias de chagas. Ele acompanha-nos na estrada da vida. Confiemo-nos às mãos de Deus como uma criança se confia às mãos do seu pai". Como o barro que se entrega ao oleiro e torna-se uma obra de arte, de igual modo nossa vida disforme recebe a beleza e a graça das mãos do oleiro, que é Deus. Qualquer pessoa que conhece a arte do oleiro pode sentir-se uma peça amoldada pelo divino oleiro.

7. Homilias: conteúdos e características

Todo homiliasta tem suas próprias características e suas predileções temáticas, apresentando sempre caminhos para a santificação dos próprios fiéis. Nota-se sempre que a homilia revela, com forte evidência, o espírito e a espiritualidade dos pregadores. Desse modo, é importante que aquele que profere a homilia, seja nas celebrações eucarísticas, seja nos demais sacramentos e sacramentais, tenha um grande equilíbrio na sua própria espiritualidade, para não levar os seus ouvintes a fanatismos religiosos ou ideológicos e, tanto pior, a laxismo moral e desânimos psicológicos. A homilia deve levar as certezas para a vida, fundamentar convicções, ser capaz de animar e, ao mesmo tempo, de admoestar. As verdadeiras homilias indicam caminhos para Jesus e não promovem seguidores de líderes religiosos, mas seguidores do Senhor na comunidade-Igreja. Quando o pregador apela para emoções e personalismos, na sua ausência os fiéis desaparecem junto com sua fama e seu período de estrelismo. Basta recordar tantos grandes pregadores que viviam "na crista da onda" e hoje ninguém se recorda deles.

8. Fundamentos bíblicos

Em todas as suas pregações, o papa sempre se serve das passagens bíblicas e particularmente das leituras da Palavra de Deus, próprias do dia. Todos os exemplos são tirados dos mesmos textos e, raramente, quando busca em outros textos bíblicos alguns exemplos ou ensinamentos, ele o faz apenas como forma de ilustração. O essencial para a mensagem ao povo e para fundamentar todas as verdades doutrinais e éticas é tirado da Sagrada Escritura proclamada. A linearidade da homilia facilita, aos ouvintes, a captação e a conservação dos ensinamentos. No dia em que mencionou, por exemplo, os grandes "mestres da fé", que apontam para Jesus (homilia na Casa Santa Marta, 18 de outubro de 2013), falou de três ícones do sofrimento e da perseverança na tribulação, sejam Moisés, João Batista e Paulo. A unidade dos três grandes nomes da evangelização está na fidelidade e na adversidade. Moisés é lembrado como o servo de Deus que lutou e venceu os inimigos, pela confiança e pela proteção divina;

João Batista suportou o martírio por fidelidade à sua missão de precursor, assumida em plenitude, e Paulo foi um grande missionário que enfrentou mares e poderes para levar o nome do Senhor aos confins de toda a terra. Eles sofreram, experimentaram a amargura, sentiram-se abandonados e enfrentaram crises existenciais e de fé, mas nunca abandonaram sua missão.

Percebe-se como, na homilia, o papa busca nas fontes escriturísticas a fundamentação de todos seus ensinamentos.

Nota-se semelhante coerência, quando trata da ressurreição, servindo-se do Evangelho proclamado, em que Jesus refere-se ao grande profeta do Antigo Testamento (Mt 12,39). O sinal de Jonas é marcante e o papa faz reminiscência dos textos correlatos: "Na semana passada, a liturgia fez-nos refletir sobre Jonas. E agora Jesus promete o sinal de Jonas". Falando da ressurreição, ele cria um conceito inspirador: "síndrome de Jonas". Trata-se de um sentimento comum a todos os servidores da Igreja, que é a tentativa de fuga da missão. Como Nínive foge da sua missão, Deus o adverte de seu pecado. O profeta é convidado a voltar e retomar sua missão. Jonas tem, inicialmente, a seguinte postura: "se eles são pecadores, que se arranjem; eu não tenho nada com isso!". Essa é a síndrome de Jonas. Com a linguagem da parábola e das metáforas, o papa nos ensina que é preciso envolver os ouvintes, para que assimilem e pratiquem os mandamentos do Cristianismo.

9. Fidelidade ao ano litúrgico

As pregações do Papa Francisco marcam bem os passos do Ano Litúrgico, revelando que é profundo conhecedor da mística e da dinâmica dos seus ciclos. Notamos que vai descrevendo os mistérios de Cristo e da história da salvação, que é apresentada desde os primeiros séculos da Igreja, quando foram definidas as passagens da vida da Igreja, relacionadas com as leituras, as orações e os salmos.

Essa sua percepção pode ser notada considerando-se algumas de suas pregações. Na celebração do tempo do Advento (homilia na missa da Casa de Santa Marta, 16 de dezembro de 2013), ele fala da santidade dos cristãos para preparar o Natal do Senhor. Anota que "a santidade é precisamente deixar que o Senhor escreva a nossa história". Seus votos natalinos antecipados são dirigidos a todos como um "convite a abrir o coração e fazer com que o Senhor escreva tua história; que tu deixes que ele a escreva". Esta é a vocação de todos os batizados: vivermos como profetas e sermos como Isaías e João Batista. Ora, esses são os personagens marcantes do tempo do Advento.

A atenção do papa ao Ano Litúrgico possibilita que suas pregações discorram, ao longo do ano, sobre todos os temas fundamentais da nossa fé. Os mistérios são atualizados, a partir de uma leitura atenta da Palavra de Deus e de sua hermenêutica, fazendo assim com que se evangelizem os fiéis a partir dos próprios temas decorrentes das leituras.

10. Hermenêutica histórica e cotidiana

Sem desviar o olhar das leituras bíblicas, integrando os passos do Ano Litúrgico, o papa realiza a hermenêutica, como se Cristo falasse em nossos dias, para nos iluminar a existência. Não tem dificuldades em apresentar os assuntos mais profundos em linguagem simples e, por vezes, bastante popular, mesmo com certa ironia. Algumas vezes, uma crítica mordaz pode ser registrada, com certo senso de humor, sem ofender, mas exigindo revisões de vida. Essas críticas são abrangentes aos políticos, aos fiéis desanimados e mesmo ao clero acomodado em suas posturas e posições históricas.

Ao falar dos administradores corruptos (homilia de 8 de novembro de 2013), recorda que o Evangelista Lucas (16,1-8), no seu trecho litúrgico, denuncia os "devotos da deusa ilegalidade e cometem pecado grave contra a dignidade humana". Várias vezes, as reflexões do papa versaram sobre esse tema, sempre a partir dos textos bíblicos. Ao contrário de tantos homiliastas que fogem de tais assuntos para não ofender mantenedores de suas Igrejas e de seus privilégios, nosso papa é incisivo em suas críticas, apontando os poderosos, os políticos desonestos e os sistemas corrompidos dos países dominadores do mundo.

Sua hermenêutica versa ainda sobre os cristãos, muitas vezes desqualificados, por viverem na hipocrisia (homilia de 12 de setembro de 2014). Sentindo-se perfeitos e prediletos do Senhor, vivem na vaidade da santidade presumida e não procuram a correção fraterna. Para sermos verdadeiros em nossas pregações, é preciso a verdade e a humildade. Sem dúvida, "na missão de pregadores, a correção fraterna exige caridade e "antes de mais nada que nos reconheçamos pecadores e não queremos ser juízes". E continua: "As atitudes cristãs são destacadas pela liturgia: devemos ser generosos, servir os irmãos, perdoar o próximo e viver a misericórdia". São essas atitudes que fazem crescer a Igreja e, também, o testemunho verdadeiro dentro e fora dela.

A capacidade hermenêutica do papa é tão valiosa que cria uma relação entre os cristãos de nosso tempo e os grandes nomes da história bíblica. Somos todos novos apóstolos, novos patriarcas e novos profetas. Somos "Pedros e Paulos" em nossos tempos. Somos os mártires e os evangelizadores da Igreja que se renova e se recria a cada momento da história. Deus nos acolhe e nos faz seus familiares. "Eis por que à pergunta: qual é o sobrenome de Deus?" Deus nos presenteia com seu sobrenome. Somos a família de Deus, pois "Ele toma o nosso nome para fazer dele o seu sobrenome". De forma hermenêutica e linguística, ele mostra que os personagens bíblicos são pessoas ordinárias, tornadas importantes. Não temos que ser famosos; precisamos ser importantes na família de Deus. Assim, o papa completa a frase: "Eu sou o Deus de Abraão, de Isaac, de Jacob... de Pedro, de Mariazinha, de Harmony, de Marisa, de Simão, de todos. De nós assume o sobrenome. O sobrenome de

Deus é cada um de nós". A hermenêutica apresentada para Francisco não se refere apenas aos fatos históricos, ela toca a nossa identidade pessoal. Somos membros integrantes e amados da família divina.

11. Testemunho do pregador

Seguindo a tradição da Igreja, a força mais importante da pregação está no testemunho. Por isso tantos santos insistiam em que a pregação fosse testemunhada pela própria vida e por gestos concretos. Por essa razão, as comunidades paroquiais e as congregações religiosas sustentam com seus fiéis grandes atividades caritativas. Grande arsenal das atividades sociais para os pobres são sustentadas heroicamente pelas comunidades cristãs católicas, que mudaram seus estilos conforme a evolução e as modalidades dos serviços prestados.

Na celebração (13 de dezembro de 2013) que refletiu sobre o texto litúrgico dos flautistas indignados (Mt 11,16-19), há uma crítica aos pregadores que não testemunham a alegria e a graça de sua própria vida em Deus. São como aqueles jovens da praça que não seguem o canto dos flautistas. São cristãos que não dão testemunhos da própria fé, uma vez que sentem "certa alergia aos pregadores da Palavra", pois estes não são bons testemunhos da Palavra que pregam. Mesmo acolhendo a grandeza da Palavra, não se convertem, pois os pregadores têm uma vida enjaulada e não revelam em si mesmos os ensinamentos que proferem. Parece que temos medo da liberdade que o Espírito Santo nos oferta.

Não devemos, insiste o papa, viver no "*hall* de entrada da igreja", sem entrar e se comprometer verdadeiramente com toda a família cristã. Declarar-nos "católico, porém não muito" e não estarmos com a Igreja em todos os momentos, sejam estes alegres, sejam tristes. Para ilustrar essa postura, Francisco serve-se da Carta aos Efésios (2,19-22), recordando que "a primeira advertência que nos faz Paulo é que não somos estrangeiros nem hóspedes: não estamos de passagem nesta cidade que é a Igreja mas concidadãos". E segue ainda afirmando que "o Senhor chama-nos para a sua Igreja com o direito de um cidadão: não estamos de passagem, somos seus membros, seus irmãos". Somos todos Igreja.

3

HOMILIAS FASCINANTES

Bem sabemos como a homilia revela o homiliasta, sua profundidade e capacidade teológicas, sua sensibilidade humana, seu equilíbrio emocional e sua capacidade didática para comunicar-se com a assembleia. Essa consciência é fundamental para que os pregadores se empenhem na preparação da homilia e se interessem pela interação e apreciação dos fiéis.

Na sua exortação *Evangelii Gaudium*, o papa apresenta ensinamentos preciosos acerca da homilia e sua importante contribuição para a formação catequética, a espiritualidade e a evangelização dos fiéis. Falamos do momento mais envolvente entre o presidente da celebração e a comunidade celebrante. Nesse momento, criam-se relações de confiança e de afeição, pois nele a Palavra de Deus e os mistérios da fé são aproximados da realidade de todos os fiéis. São apresentadas as admoestações, as orientações e as verdades religiosas e humanas mais profundas. Descuidada e insensível, a homilia pode ferir e complexar os fiéis, ao mesmo tempo que pode expressar a condescendência dos pregadores. Essas são as lições que aprendemos com a exortação pontifícia.

Ao lado dos artigos dedicados à homilia nessa exortação, a apreciação das pregações do papa, durante seu primeiro ano de pontificado, serviu para entender seu modo de expressar, sua metodologia e eloquência, bem como a profundidade de sua teologia e de sua espiritualidade, quando se aproxima dos fiéis por meio de seus ensinamentos, buscando iluminar suas existências, particularmente a vida cotidiana, concernente à fé e às atitudes concretas.

Dessas duas aproximações, procuramos aferir algumas considerações, que podem iluminar as práticas das homilias dos presidentes das celebrações da ceia eucarística, mas também de outros sacramentos e diversas modalidades de celebração. Anotamos seus principais pontos para enriquecer e tornar mais fascinantes as homilias.

1. Homilias breves e bem preparadas

Como todos os pregadores sabem e os fiéis sentem, a homilia é um momento especial dentro de todos os rituais cristãos, especialmente nos rituais sacramentais. Os fiéis acorrem às celebrações onde as homilias são agradáveis, profundas e simples, e fogem daquelas que são empoladas, longas e vazias. Muitos pregadores, especialmente bispos e sacerdotes, são bem notados por suas homilias preciosas, assim como em outros casos o povo evita a celebração por não apreciarem as homilias.

Conhecendo os fiéis por sua preocupação de sentir suas exigências e seus sentimentos, o Papa Francisco procura reverter a situação que levou a homilia a ser considerada certo martírio para o povo, pois os celebrantes muitas vezes não têm sensibilidade para perceber as necessidades dos fiéis. Por vezes, o som cacofônico e desregulado, a má acomodação e mesmo a temperatura tornam a homilia um peso para os ouvintes. Bem acomodados, bispos e padres não notam as câimbras que o povo, em pé ou sentados em bancos pouco confortáveis, sentem ao longo das longas celebrações.

Noutro dia, um pregador servia-se de uma metáfora, meio irônica, para apreciar certas pregações: "em certos sermões, tem-se a impressão de que o padre soltou um avião. O povo fica olhando para cima, procurando no ar, sem saber onde está o avião, que gira de um lado para outro e não se sabe nem onde nem quando vai pousar; e muito menos para onde está indo". Em certas homilias, não se entende qual a lógica da reflexão, nem mesmo que argumento se desenvolve, quais serão as conclusões, muito menos se sabe quando vai terminar, pois o próprio pregador não consegue finalizar os temas e o núcleo da sua mensagem. A insegurança do pregador provoca insegurança e mesmo certa aflição na assembleia, que busca mensagens para enriquecer sua espiritualidade e orientações para seguir no caminho da santidade.

Numa catequese da Audiência Geral (27 de fevereiro de 2018, em Roma), o papa toca de forma espontânea no tema das pregações, sobretudo nas celebrações eucarísticas. Por certo, se ele toca nesse argumento é porque percebe a necessidade de reformar as práticas desse momento tão propício e importante para os cristãos, pois são numerosos aqueles cristãos que têm na homilia semanal a única fonte de catequese e evangelização. Sua exortação é muito simples: "que as homilias das missas sejam breves, preparadas com estudo e oração, e que não superem 10 minutos!".

Esse discurso do Papa Francisco se insere nas catequeses sobre as partes da celebração eucarística, seguindo os vários momentos do ritual. Quando, então, tocou na parte da liturgia da Palavra, o papa encarou o assunto com simplicidade e verdade, sem contornos desnecessários.

2. Os ingredientes da homilia

O ápice da liturgia da Palavra é a proclamação do Evangelho, depois das leituras do Antigo Testamento e das epístolas do Novo Testamento. O Evangelho é tão valorizado que é anunciado pela sua aclamação, para que todos os ouvidos fiquem atentos e os espíritos se abram para acolher a mensagem. Não havendo a "Aleluia", como acontece na Quaresma, mesmo assim, é fundamental um texto de aclamação ao Evangelho. É o Senhor quem vai falar, não apenas será dita sua mensagem e seus ensinamentos, mas são as narrativas de sua vida, de suas atitudes e ações e de suas próprias palavras. São os textos mais excepcionais e sagrados de toda a Sagrada Escritura. É a plenitude da mensagem divina e "a assembleia dos fiéis acolhe e saúda o Senhor que está para falar no Evangelho" (Instrução Geral ao Missal Romano, n. 62). Além do conteúdo da mensagem, os fiéis são tocados pela reverência, uma vez que se trata da voz do Senhor. Esta reverência se exprime mais quando o ministro ordenado beija o livro sagrado. A resposta dos fiéis também é marcada por grande reverência, pelos gestos, pois "os fiéis ficam de pé para escutá-lo e fazem o sinal da cruz na testa, na boca e no peito. As velas e o incenso honram Cristo que, mediante a leitura evangélica, faz ressoar a sua eficaz palavra" (IGMR, n. 62). Estes sinais são o reconhecimento da presença do próprio Senhor na proclamação de sua Palavra.

O Papa Francisco, na sua série de pregações sobre a missa, dedica particular atenção a esse momento importante da liturgia. Ele ensina que, pelo Evangelho e pela homilia, os "mistérios de Cristo iluminam toda a revelação bíblica, assim, na Liturgia da Palavra, o Evangelho constitui a luz para compreender o sentido dos textos bíblicos que o precedem, tanto do Antigo como do Novo

Testamento. Com efeito, "de toda a Escritura, assim como de toda a celebração litúrgica, Cristo é o centro e a plenitude" (Introdução ao Lecionário, 5). A veneração ao Evangelho e a homilia são especialmente consideradas, pois são a fonte dos ensinamentos para a vida cotidiana, enriquecidos por uma conotação espiritual muito elevada. Pela veneração da assembleia nesse momento litúrgico, as palavras e as reflexões tocam mais profundamente cada fiel.

Todas as leituras são importantes, mas o Evangelho e sua explicação pelo homiliasta são envolvidos por uma veneração muito especial (IGMR, n. 60 e 134). Ouvimos a perícope e aclamamos: "Glória a vós, Senhor". É a voz do próprio Deus que fala por meio do ministro e segue inspirando e falando por meio do pregador. Dessa anotação, entendemos a gravidade e a importância da homilia e a razão de o papa preocupar-se tanto com que seja bem preparada e valorizada.

A homilia nasce de todo o contexto litúrgico, do momento histórico e das leituras, mas especialmente das palavras do Evangelho, pois é verdade que "na liturgia é o próprio Cristo que anuncia o Evangelho" (*Sacrosanctum Concilium*, 33), O conteúdo do Evangelho é fundamental e compete ao sacerdote ou outro ministro que preside o ritual pronunciar a homilia, que é parte integrante da própria liturgia (Introdução ao Lecionário, n. 24-27).

3. A didática da homilia

Na sua pregação sobre a homilia, o papa fala com clareza sobre o que não deve ser uma homilia, fazendo-nos entender que muitas pregações são, afinal, pseudo-homilias. Ele insiste que recomendada vivamente pelo Concílio Vaticano II como parte da própria liturgia (SC 52), a homilia não é um discurso de circunstância – nem sequer uma catequese, como esta que agora faço – nem uma conferência, nem sequer uma lição". Retomando sua própria exortação *Evangelii Gaudium* (37), esclarece que a homilia é um "retomar o diálogo que já está estabelecido entre o Senhor e o seu povo". O objetivo da homilia é, desse modo, aprofundar a fé e encarnar a vida cristã, colocando em prática seus ensinamentos, pela graça de Cristo. Com palavras simples e profundamente teológicas, o papa explica que a verdadeira exegese é compreender o caminho de santidade impresso nos Evangelhos, de forma atualizada em nossos tempos e onde vivemos. A homilia fecunda é aquela que promove a santidade de nossa vida, pois nossa fé cristã se traduz em obras. Esse é o caminho de santidade de todos os fiéis de todos os tempos. Nossas comunidades estão repletas de vidas consagradas a Deus, pelas atitudes coerentes com a profissão de fé. Assim que "a Palavra do Senhor entra pelos ouvidos, chega ao coração e vai às mãos, às boas obras". Se não houver uma verdadeira comunhão com o Senhor, a pregação fica artificial na voz do pregador e estéril na vida dos fiéis. O caminho é suave e maravilhoso, pois toca o espírito, envolve o sentimento, passa pelo coração e chega às mãos, renovando a própria vida e transformando a vida dos irmãos.

A homilia nos sacramentos, proferida pelos ministros ordenados, e nos sacramentais, também proferida por ministros consagrados, é um dom verdadeiro que se oferta aos fiéis. O pregador deve elevar seu espírito para fascinar a assembleia que, por sua vez, abre seu espírito em forma de acolhida, entregando-se ao pregador, que também tem suas limitações e habilidades retóricas, teológicas e afetivas. Rapidamente, o fiel percebe quando o pregador é coerente e verdadeiro, quando sua voz exprime seus sentimentos mais profundos e quando sua elevação espiritual não é simples expressão teatral ou falsete na impostação. Todos são responsáveis para que a fonte de graças e ensinamentos jorre com abundância na comunidade celebrante.

Por tantas vezes, gerou-se um preconceito contra a homilia, por serem longas, entediantes ou incompreensíveis. O homiliasta deve ter consciência de que não fala por si mesmo, mas é instrumento de Deus para anunciar sua mensagem e deve ter humildade para acolher o Espírito Santo.

O papa insiste na metodologia da homilia, afirmando que deve ser breve, bem preparada e repete: que seja breve. O papa nos coloca em alerta pois, em algumas pregações, muitos adormecem, porque, além de serem longas, são sem nexo e sem muito sentido. Vai se falando sem parar, sem saber aonde chegar. Por certo, é absurdo quando pessoas saem da igreja na hora da homilia. Isso pode demonstrar que alguns fiéis perderam o gosto pela liturgia, mas as homilias sem fim provocam e justificam este comportamento esdrúxulo. E o papa insiste novamente na sua pregação: "por favor, que a homilia seja curta, mas bem preparada". Sábio ensinamento e tão urgente, reclama o povo de Deus.

4. Tocar a mente e o coração

A arte da homilia é preciosa dentro das celebrações, pois o pregador tem o poder de integrar os fiéis para viver o mistério pascal e transformá-lo em vitalidade cotidiana. Quando ouvimos o Evangelho, nosso espírito é elevado, pois não se fala de Deus, mas é o próprio Deus quem fala e nos convida a renovar nossa história pessoal e comunitária. A consideração para com a Palavra é especial, tanto é verdade que nos levantamos para ouvir sua proclamação e a acolhemos com um solene "Glória a vós, Senhor". É o próprio Senhor que se comunica através do ministro. O papa nos recorda que se trata de uma "conversa direta". Nesse caso, sabemos que "na missa não lemos o Evangelho, para saber como foram as coisas, mas ouvimos o Evangelho para tomar consciência daquilo que Jesus fez e disse uma vez". As palavras do Evangelho não são relatos históricos, mas revelação de uma vida que se compartilha com os fiéis, como se estivessem sendo anunciadas diretamente aos fiéis. Portanto, "a Palavra de Jesus que está nos Evangelhos é viva e chega ao nosso coração". "Escutar o Evangelho com o coração aberto é importante, porque é Palavra viva." Em se falando da proclamação do Evangelho, é importante escutar com o coração aberto, com inteligência, humildade, porque é a Palavra viva, de um Deus vivo e ressuscitado".

O papa cita o grande mestre Agostinho de Hipona que repetia que "a boca de Cristo é o Evangelho". Esta é uma figura de linguagem muito bonita. E ele acrescenta: "Ele reina no céu, mas não deixa de falar na terra". Quando celebramos, é o Cristo quem fala por meio do presidente da celebração. Falamos com o Senhor e o Senhor fala conosco. Ele nos pede uma resposta viva e verdadeira. Não podemos deixá-lo sem resposta, portanto, nós ouvimos o Evangelho e devemos dar uma resposta na nossa vida" (Audiência Geral. Tema "Homilia", 7 de fevereiro de 2018). A homilia é uma luz nas sombras da existência, guia para conhecer o caminho da santidade e inspiração para viver mais a fé na vida.

5. Homilias valiosas e envolventes

Muitas são as discussões sobre a duração de uma homilia. Não se trata de um tema plenamente objetivo, mas nem por isso é totalmente subjetivo. Nenhum ouvinte gosta de uma homilia muito demorada. Há homilias que parecem não ter fim, que ameaçam terminar, mas o pregador não consegue, pois ele não se preparou bem e, finalmente, não tem sensibilidade para perceber a reação sutil e silenciosa da assembleia. Com simplicidade, o papa insiste que "a homilia não deve superar os 10 minutos". Se o tempo é sucinto, o conteúdo deve ser profundo e eloquente, capaz de envolver os fiéis e incentivá-los a viver cristãmente.

De fato, a homilia é um grande desafio para o pregador, pois nos poucos minutos ele revela todo a sua sabedoria sobre a doutrina, a Sagrada Escritura e a Tradição. O pregador manifesta seu conhecimento sobre a realidade e o contexto em que vive. Isso é capacidade hermenêutica. A hermenêutica é a habilidade de o homiliasta transmitir o conteúdo e o contexto bíblico como se o texto sagrado tivesse sido escrito nos dias de hoje para nossos fiéis, considerando as situações presentes. A hermenêutica exige equilíbrio e lucidez para não desabar no fundamentalismo e, pior ainda, no fanatismo, que demonstra tendências ideológicas. Na homilia, o pregador se autorrevela, expondo sua personalidade, seus preconceitos e suas limitações diante das situações presentes. Ao mesmo tempo, pode sempre revelar sua grandeza de espírito, ao entender os fiéis e iluminar suas consciências. Pela exposição das ideias e suas aplicações existenciais, a homilia eleva a nobreza do pregador e sua espiritualidade. Trata-se da capacidade de argumentar diante dos limites humanos, das fraquezas, bem como de apontar caminhos de santificação.

Os ouvintes devem ter consciência de que Deus está conversando com seu povo, portanto, as palavras devem ter incidência imediata nos sentimentos dos fiéis; como se falasse para cada um deles e tocasse diretamente em suas necessidades e seus ideais. Assim, numa homilia bem proferida, o fiel percebe que "Deus dialoga com o seu povo, que o ouve com atenção e veneração e, ao mesmo tempo, reconhece-o presente e ativo".

A verdadeira homilia é suave e profunda, denuncia sem agredir e converte sem forçar e amedrontar. Revela a alegria de ser cristão e a humildade de sentir-se pecador e acolhido por um Deus cheio de misericórdia. Bem colocados, o aprofundamento dos textos bíblicos e sua atualização motivam a renovação da vida e o desejo de ser diferente, de fazer melhor e de viver mais perto de Deus.

Antes de tudo, o homiliasta deve sentir-se parte do povo, e o ensinamento é para todos; primeiro para si mesmo e depois para os outros. Deve ser um testemunho vivo de que a Palavra é eficaz e transformadora. A notícia alegre da mensagem de Jesus Cristo é luz em sua vida e o diácono, sacerdote ou bispo que anuncia a Boa-Nova é o primeiro a acolher e viver o que ensina. É inócuo falar de caridade revelando egoísmo, falar de gentileza relacionando-se com truculência e falar de caridade vivendo no egoísmo. As pregações ganham legitimidade quando o pregador é o primeiro a se converter e praticar o que ensina com devoção.

Naquela pregação, falando do grande sacerdote São João Maria Vianney, exorta que "quando fordes enviados a proclamar esta Palavra divina, as pessoas encontrem na vossa vida o testemunho mais eloquente da sua eficácia". Do silêncio espiritual do pregador, nasce a inspiração para que a pregação toque o coração dos ouvintes e eles se sintam amados por Deus, inspirados pela Palavra e dispostos a servir o Reino de Deus.

6. Restaurar a homilia

Lamentavelmente, por causa de descuido dos pregadores, muitos fiéis desenvolveram alguma antipatia pelas pregações. Homilias longas, homilias acusativas e homilias confusas podem estar na origem desse sentimento. Seria interessante que o homiliasta registrasse sua pregação e depois a ouvisse com paciência e criticidade, para avaliar seu conteúdo e apreciar a sensação do ouvinte. Não se trata de um momento secundário dentro da celebração, mas de elemento importante para elevar a espiritualidade, aprofundar os ensinamentos da fé cristã e direcionar a comunidade para a vivência mais plena do mistério eucarístico. Basta recordar a orientação do Concílio Vaticano II: "A homilia, que é a exposição dos mistérios da fé e das normas da vida cristã no decurso do ano litúrgico e a partir do texto sagrado, é muito para recomendar, como parte da própria Liturgia; não deve omitir-se, sem motivo grave, nas missas dos domingos e festas de preceito, concorridas pelo povo (SC 52).

O papa reitera, então, essa preocupação dos padres conciliares, dizendo que "Vivamente recomendada desde o Concílio Vaticano II como parte da própria Liturgia, a homilia está longe de ser um discurso de circunstância, tampouco uma catequese como esta que estou fazendo agora, nem uma conferência, nem mesmo uma aula". É um momento privilegiado de evangelização e catequese, pois seu objetivo é "retomar aquele diálogo que já está aberto entre o Senhor e seu povo, para que encontre cumprimento na vida. A exegese autêntica do Evangelho é a nossa vida santa"! Por certo, o papa destaca a importância do testemunho do pregador quando profere sua homilia para a assembleia celebrante. Na mesma entrevista, ele toca na sensibilidade dos pregadores dizendo que "a Palavra do Senhor entra pelos ouvidos, chega ao coração e vai até as mãos, às boas obras. E também a homilia segue a Palavra do Senhor e também faz este percurso para nos ajudar para que a Palavra do Senhor chegue às mãos, passando pelo coração". Como podemos tocar o coração dos fiéis e promover a conversão, se nossas palavras não fazem eco na própria vida cotidiana? O testemunho é fundamental, pois, sem ele, a pregação ilumina a mente, mas esvazia o espírito.

A ironia desse fato é ilustrada por um exemplo contundente do próprio papa. Assim, ele insiste que "a homilia seja bem preparada e, além disso, muito breve, breve". E continua... "um sacerdote contou que uma vez foi noutra cidade, onde viviam os pais. Foi assim que seu pai lhe disse: 'Estou contente, porque, com os meus amigos, encontramos uma igreja onde tem missa sem homilia!'". Estranho perceber que a homilia foi desgastando sua importância e sua fascinação, tornando-se um momento desagradável dentro do ritual. Nem sempre foi assim, nem sempre é assim; e depende do celebrante, para que seja diferente; recupere sua importância fundamental: evangelizar e converter os fiéis.

Dessa forma, o papa ressalta que os ouvintes podem se irritar na hora da pregação por ser longa ou incompreensível, mas também por simples preconceito, dada a imagem negativa que se construiu ao longo de décadas e a continuidade dos vícios dos homiliastas, que, sem se prepararem, proferem homilias desconexas, monótonas e personalistas. Que não se perca nos homiliastas a consciência de que estão falando em nome de Jesus Cristo, como seus representantes pessoais nas celebrações sacramentais. Chega a ser intrigante que o papa escreva observando que "nós vemos que na homilia alguns dormem, outros conversam ou saem para fumar um cigarro", e repete sua preocupação: "... por favor, que seja breve a homilia, mas que seja bem preparada".

A clareza e a brevidade constituem condições importantes para que a homilia seja eficaz, além de ser preparada com a oração, o estudo da Palavra de Deus e a capacidade intelectual de síntese e lógica na exposição da mensagem.

Boas homilias entram pelos sentidos, tocam os sentimentos, formam o espírito e fecundam atitudes na vida dos fiéis; partindo, por certo, do próprio testemunho existencial do pregador.

7. Caminho da evangelização e santidade

A saudação do papa aos seminaristas (7 de fevereiro de 2018) da comunidade religiosa São João Maria Vianney, finaliza com uma admoestação importante para todos os homiliastas em todos os sacramentos: "de bom grado façam da Bíblia o alimento diário do diálogo de vocês com o Senhor, para que, quando forem enviados a proclamar esta Palavra divina, as pessoas encontrem na vida de vocês o testemunho mais eloquente da sua eficácia".

Na verdade, para não perder a participação da assembleia e evitar que fiéis abandonem suas comunidades, os presidentes das celebrações têm procurado sempre mais valorizar concretamente a homilia, cuidando que sejam claras, agradáveis, mas breves e místicas.

Se, por um lado, o sumo pontífice se preocupa com os pregadores, que nem sempre são envolventes e hábeis na sua preleção, também os fiéis devem se empenhar e corresponder com sua participação ativa, com gestos, olhares e comunicação silenciosa, o que motiva verdadeiramente o sacerdote que preside a celebração e profere a homilia. Pode ocorrer mesmo que numa liturgia da Palavra preparatória, os leigos participem da confecção do texto da homilia, com suas ideias e preocupações, a partir de sua realidade cotidiana, servindo à hermenêutica da mensagem evangélica. É de responsabilidade dos padres, mas também dos leigos preparar o itinerário dessa viagem que vai "dos ouvidos, passando pelo coração e que tem seu porto de chegada nas mãos" dos fiéis, com verdadeira motivação para o agir cristão na família, na comunidade e na sociedade. Portanto, o papa convida os fiéis que estão sentados nos bancos das assembleias a se apresentar "de uma forma adequada, as expectativas que a comunidade sente, não é para acusar, mas sim para ajudar". A postura atenta dos fiéis é forte motivação para que os pregadores se mostrem mais entusiasmados. Na dimensão espiritual e psicológica, isso representa um forte motivo para animar os próprios pregadores. Por certo, o pregador deve ter consciência do seu ministério, mas o ouvinte deve cumprir sua parte, prestando atenção na pregação e reconhecendo que o pregador, por melhor e mais hábil que seja, tem também suas limitações.

Assim, seguimos suas orientações, quando afirma que "na liturgia da Palavra, por meio do Evangelho e da homilia, Deus fala ao seu povo, que o escuta atentamente e com veneração, e ao mesmo tempo o reconhece como presente e ativo". Esse é o caminho da evangelização e da santidade de todos os fiéis; do pregador primeiramente, mas de todos os membros da assembleia litúrgica.

PARA CONCLUIR: A BOA HOMILIA

Os grandes padres da Igreja foram fortes pregadores e suas homilias permanecem como herança para todos os cristãos ao longo dos séculos. Os temas por eles proferidos servem de estudo e orientam aos padres e leigos até nossos dias, pois eram tratados sobre a ética e a doutrina cristã. São muito importantes os tratados dos grandes teólogos e pastores, uma vez que estes seguiam os vários capítulos dos livros bíblicos, na dimensão teológica, espiritual e hermenêutica. Na verdade, os grandes pastores escreviam os textos, sobretudo depois do reconhecimento imperial da Igreja. Naqueles primeiros séculos, os patriarcas escreviam as homilias, e estas eram copiadas em muitas unidades e enviadas para os presbíteros das pequenas comunidades, que as liam naquelas celebrações dominicais ou nas principais solenidades. Esses textos que compõem a riqueza e a eloquência da literatura cristã, foram escritos pelos patriarcas ou teólogos do Oriente e do Ocidente, dos quais, entre tantos, recordamos Agostinho de Hipona, Ambrósio de Milão, João Crisóstomo, Cirilo de Jerusalém e Leão Magno.

Para completar a formação do homiliasta, a partir dos ensinamentos e da prática do Papa Francisco, ilustramos com a ironia de Agostinho de Hipona, quando discursou sobre a homilia no artigo "Um domingo em Hipona", onde descreve a jornada dos cristãos na cidade e destaca a participação da celebração eucarística. Servindo-se de uma apologia clássica, o autor classifica a pregação em três níveis: *bono-bono; bono-malo e malo-malo*. Para ele, a homilia tem dois critérios de julgamento, como um binômio, perscrutado pelo Papa Francisco: o conteúdo e a duração. *Bono-bono* é a homilia de bom conteúdo e curta. *Bono-malo* é a que tem bom conteúdo, mas é longa. Por sua vez, *malo-malo* é a que, além de ruim, ainda é longa.

Outro critério para a apreciação da homilia é o binômio conteúdo e metodologia. Muitas vezes, um conteúdo maravilhoso pode ser prejudicado por uma linguagem monótona, sem impostação e sonolenta. Pode acontecer ainda de que uma metodologia envolvente e vibrante, profunda e mística seja prejudicada por conteúdos confusos e superficiais. Em síntese, o homiliasta deve estar atento ao conteúdo, para ser evangelizador, e à metodologia, para que seja envolvente e participativa. Como vamos sempre repetir; a homilia é uma obra de arte, devendo ter graça e beleza, devendo fascinar os fiéis e deixar marcas no coração e na mente.

SUMÁRIO

Apresentação 11
1. A alegria de anunciar 15
2. A teologia e a mística das homilias 39
3. Homilias fascinantes 65
Para concluir: a boa homilia 83

Impresso na gráfica da
Pia Sociedade Filhas de São Paulo
Via Raposo Tavares, km 19,145
05577-300 - São Paulo, SP - Brasil - 2018